# PÉTITION

A

# LA CHAMBRE DES PAIRS,

PAR

M. MAUREL (J.-J.),

ANCIEN VÉRIFICATEUR DES PLANS DU CADASTRE.

Liberté, Ordre public,
Napoléon!!



LYON.

IMPRIMERIE DE D.-L. AYNÉ,

RUE DE L'ARCHEVÊCHÉ, N. 3.

1831.

Valence, le 24 septembre 1831.

Messieurs les Pairs,

Si le droit de pétition embrasse les détails et l'ensemble des institutions d'un empire, si la pétition n'est soumise à aucune forme, lorsqu'un provisoire affreux enchaîne le monde entier, lorsque toutes les puissances s'observent, s'arment et font d'immenses préparatifs de guerre, lorsque enfin toutes les nations semblent vouloir s'abîmer, chaque individu, chaque citoyen doit son opinion, doit ses lumières sur le plus épouvantable de tous les fléaux, celui qui ravage la terre et qui détruit les populations; et c'est avec la conviction la plus intime de ce devoir que je vais essayer de dire, de porter jusqu'aux pères de la patrie, jusqu'aux vieilles gloire de notre belle France, les terreurs, les angoisses qui agitent actuellement tous les peuples.

Je n'ai point la vanité de porter la conviction dans les esprits, je jette quelques jalons sur un vaste désert que de plus habiles, que de plus capables ne tarderont pas à venir explorer pour le salut, pour le repos, pour la paix du monde.

La *Liberté*, ce noble sentiment des ames généreuses, est fille de la terre; mais si tour-à-tour elle parcourt tous les pays, depuis quarante années elle fait effort pour s'implanter sur le sol de la France : cessons de la repousser, et ne reculons plus devant aucune des concessions qui doivent l'éterniser parmi nous. Au nombre de ces concessions, les plus importantes sont l'hérédité du trône et la légitimité de *Napoléon*.

Si ces deux grands principes *d'Ordre public*, sont des vérités mathématiques, nous ne saurions les déduire, ni des exemples qui laissent toujours des doutes à l'esprit, ni des argumens du canon qui sont la raison du plus fort : nous parlerons au cœur, où sont réunis tous les besoins, toutes les affections les plus douces.

Pur d'intentions, lorsqu'un grand prince en des circonstances pressantes prévient l'anarchie et fait les sacrifice d'une vie toute de délices pour se placer sous la couronne la plus lourde du monde, lorsque ce prince veut à la fois s'entendre avec la nation pour ses institutions futures, lorsque enfin l'élite des capacités est assemblée pour décider le bonheur de la France, je ne froisserai, je ne traverserai l'intérêt d'aucun.

Sans doute je pouvais attendre, en silence, la décision d'un prince qui sait vaincre l'ambition et que la gloire proclame immortel; mais s'il est vrai que ce prince appelle toute la population à la discussion, je laisse tomber ma fleur dans l'urne qu'il voulut bien poser à ses pieds.

Les populations répandues sur la surface de la terre et que séparent et distinguent les mers, les monts, les climats, les langues, les usages et les produits divers, eurent à se garantir les unes des autres : d'où la nécessité de se grouper chacune autour d'un point central, foyer de la force et du bonheur.

L'homme agit avec des forces déterminées, et sa destinée étant d'augmenter les productions de la terre, le premier besoin des peuples fut l'économie : dès-lors s'il fallut veiller à la conservation de tous, ce soin fut concédé à un seul qui reçut les instructions de tous (1).

De ce principe d'unité découle économie et promptitude; et si l'initiative pour faire respecter les institutions, n'est pas moins vacillante dans le vote de plusieurs que dans la volonté d'un seul, il ne s'agit que de soumettre le chef à rendre compte de sa conduite, dès qu'il sort l'état de sa situation ordinaire qui est la paix.

Ainsi chaque peuple nomme son chef pour la conservation, pour l'exécution des lois qu'il se donne.

Le chef, l'élu du peuple, le premier citoyen, le point le plus élevé de l'ambition, le Roi pourrait être à vie ou pour un temps limité; mais à chaque remplacement, mais à chaque substitution le pays serait livré à toutes les ambitions : il est donc d'une haute sagesse que le repos, que l'intégrité du pays soient assurés d'avance.

Le roi meurt ou abdique sans contrainte : le peuple n'a rien à craindre pour ses institutions, si la couronne passe doucement d'une tête sur une autre ; l'hérédité seule offre ces immenses avantages, tout en reportant sur le fils les affections que le père sut se concilier.

Depuis bien long-temps les anciens rois de France, pour être despotes à leur aise, ayant mis à la place des vrais, les plus absurdes principes et perdu le souvenir de toutes leurs obligations, le peuple de 92 reçut du ciel l'énergie, la mission de les chasser à jamais du trône (2).

Alors le trône fut vacant et la nation, de son propre mouvement, y éleva, y porta le plus grand, le plus illustre de ses citoyens, Napoléon ; mais une ambition outrée qui malheureusement ne flattait que trop le caractère français, écarte ce prince du respect qu'il doit à ses voisins, le monde entier se coalise, l'enfer vomit toutes les horreurs de la guerre et 1814 voit tomber ce colosse de gloire (3).

Napoléon abdique la couronne ; mais l'étranger, l'étranger seulement, sans tenir aucun compte de cette abdication, relègue ce grand homme dans l'île d'Elbe, au milieu de la Méditerranée ; et pour comble d'humiliation impose à la nation ses anciens rois (4).

Ces rois de la féodalité qui n'ont rien appris, qui n'ont rien oublié et que les Français n'acceptèrent qu'avec répugnance, à peine sur le trône, les vieux priviléges, le fanatisme religieux (5) se pressent, viennent fondre sur la France, et c'en était fait de toutes nos libertés si 1815 ne voit accourir un dieu tutélaire, Napoléon, à la tête de la nation et renverser en quelques heures un trône éphémère, une famille qui depuis long-temps perdit, brisa tous ses droits à la couronne.

Napoléon le cœur ulcéré, ou impatient de donner à la France une paix durable, oublie à son tour que son fils est roi. La France s'alarme de cet oubli, une terreur panique siffle de toutes parts, les Bourbons reprennent la couronne à l'ombre des baïonnettes étrangères, tous les trônes sont ébranlés et Napoléon, après un règne de cent jours, tombe et va mourir à Ste-Hélène, sur un rocher désert du vaste Océan.

A la chute de Napoléon, ce demi-dieu des temps modernes, l'élite des Français est decimée et dispersée, la nation épuisée, écrasée et lassée d'impôts se courbe sous le droit divin, les maîtrises et les jurandes; la religion ambitieuse étend son vol menaçant (6); L'ancien régime renforcé de précautions, envahit et se joue de la France qui, abreuvée d'insultes, démoralisée, sans force et sans appui, se résigne, se soumet et s'abandonne à la garde de Dieu.

Après 15 années de souffrances et de cruelles incertitudes, le jour que l'œuvre du règne du bon plaisir sera consommé, le jour où la transition est immense et ne laisse plus de doutes, enfin le 25 juillet 1830, une étincelle de lumière frappe tous les esprits, la liberté pose son vol sur Paris, sur la capitale de la France; et aussitôt les Bourbons, cette famille de rois impuissans, fuient en désordre et avec la rapidité de l'éclair un trône trop étincelant de lumière, s'il ne fut usurpé.

Cependant un prince vertueux, le fils de l'homme estimé des peuples et l'allié de tous les rois, languit dans l'exil depuis 1814 : l'ambition du père fut, il est vrai, une calamité pour tous; mais ce fils que Dieu semble protéger, qui remplit tous les cœurs et qui, jusqu'au 25 juillet 1830, fut la seule consolation à tous les maux des Français, renonce-t-il, abdique-t-il aujourd'hui le trône pour lui, pour tous les siens? Et si l'hérédité est le principe vital des empires, ne faut-il pas l'admettre dans toutes ses conséquences? Prenons-y garde, hors de là incertitude, provisoire et malaise éternels (7).

Aux mémorables journées de juillet 1830; les momens furent précieux, les événemens furent pressés, et si les Chambres de cette année séparèrent la France d'une famille usée et illégitime, enfin de la tyrannie, aujourd'hui que la France n'a plus les mêmes craintes, que ses besoins sont bien connus, l'adhésion tacite de la Chambre des députés de 1831, et le silence absolu de la Chambre des Pairs, suffiront-ils pour détruire tous les germes de discorde et de guerre?

Législateurs, représentans de la France qu'un brûlant amour de la patrie réunit à Paris, méprisez le sophiste, l'intrigant, l'égoïste, le doctrinaire, tous gens sans affections, sans patrie, et dont le cœur ne bat, ne vibre qu'à la vue de l'or; dédaignez, délaissez ces hommes, ces diplomates improvisés et par trop ridicules sous la veste des grands seigneurs, prêts à servir tous les gouvernemens, dignes d'accepter chaque jour un nouveau roi, et au besoin de prendre en considération l'élection, la destruction d'un peuple quelconque pour acquérir, pour conserver une occupation à gages.

Nobles représentans, nobles organes de la France, votre mission est difficile et délicate; toutes les nations sont tournées vers vous; vous avez à donner au monde l'exemple de la bonne foi, de la fidélité, de la stabilité, de la justice; vous avez à prévenir les guerres intestines, l'anarchie; le repos des peuples est en votre volonté; et si les Chambres de 1830, par un entraînement nécessaire, outre-passèrent leurs pouvoirs, vous avez à faire une constitution, à proclamer un roi : la nation vous bénira, les peuples apprendront que le Français aussi est esclave de la loi et le plus grand des princes, le Roi de 1830, vous saluera (8). Que Dieu protége la France !

J'ai l'honneur d'être avec un profond respect,

MESSIEURS LES PAIRS,

Votre très-humble et très-obéissant serviteur,

MAUREL.

# NOTES.

(1) Tous les corps étant solubles, le monde commença et la terre resta capable d'abîmer ses populations. Maintenant si de l'une de ces catastrophes, que la nature toujours avare espaça largement, s'échappe un seul individu, de lui, de l'inégalité des forces et par accroissemens successifs, découleront toutes choses. Il est donc exact de parler, de temps primitifs.

Vers ces temps là, remonte le principe de l'élection d'aussi difficile application, depuis que l'homme est indifféremment industriel et propriétaire, cosmopolite et national.

Le principe de l'élection s'applique avec le plus d'avantage à tous les fonctionnaires qui votent l'impôt; mais toujours dans le choix des électeurs il faut combiner les ménagemens dûs au commerce, avec les encouragemens que réclame l'agriculture.

(1) De même que les autres habitans de la terre, l'homme est né pour être libre; mais dès qu'il voulut vivre en société, des lois tracèrent des exceptions aux abandons, aux règles de la nature; et ces lois, obligatoires pour tous, n'ont cessé de porter malheur à quiconque voulut s'en jouer.

Le Roi, l'état, sont grands avec des institutions simples et durables, des institutions qui imposent silence aux ambitions de tous les temps, de toutes les époques : lorque l'adroit, le rusé privilége se glisse en leur sein, la liberté s'envole, l'illusion cesse, l'état chancelle, et le roi, méprisé des uns, maudit des autres, délaissé de tous, n'est qu'un vain fantôme se débattant au milieu des passions, au milieu des partis et qui tombe au moindre souffle.

Si quelques titres peuvent se continuer par delà le tombeau, sans inconvéniens graves, les fonctions publiques ne doivent jamais être des propriétés; les populations actuelles s'y refusent, les générations futures s'y opposent, le passé en fait une loi. Les abus sont des dons bien funestes !

(3) Napoléon eut une grande ambition; mais son administration composée d'hommes probes et capables, le fit souvent chérir et louer. Parmi tant d'éloges mérités qu'il reçut, il en est un qui par son ingénuité ne saurait trop être répandu. Le voici : Un habitant du Midi, que le négoce ravit au commerce des belles-lettres, compare le gouvernement et les gouvernans, au cerf-volant et à une famille occupée à le lancer; le père de cette famille se sert d'une grosse corde, le plus jeune des enfans d'un fil bien mince et le plus âgé d'une ficelle; si les deux premiers ne peuvent le lancer convenablement, sous la main du dernier il part, s'élève et plane majestueusement.

Cette charmante, cette jolie fiction finit ainsi :

Aro qué sen gouvernas,
Per l'homé qué dé lo franço,
Es l'idolé é l'espéranço,
Es décida qu'onoren,
Coumo lou cervoulan; BEN!

(4) Le mal fait place à même somme de bien. Sans doute l'affreux système de compensations, n'entre point dans le cœur qui a besoin de s'épancher; mais si l'on n'a point à confesser de complicités, dans les causes des grands désastres, soyons sobres de calomnie et plaignons le citoyen qu'un hasard fatal mit le plus près de la brèche. La France qui, dans cette longue fluctuation d'un demi-siècle, n'a vu qu'un traître, appartient aux nations patriotes, persévérantes et vénérées.

(5) La politique et la religion d'un intérêt général, produisent également des fanatiques et d'autant plus exaltés que leur nourriture est mieux appropriée aux discours, aux objets qui doivent affecter leurs sens.

Aucun fanatisme ne saurait soutenir l'éclat du flambeau de la justice; mais celui religieux, le plus entreprenant, souvent voilé d'institutions de forme innocente est le moins commode à frapper.

1o La France compte 86 grands et je ne sais combien de petits séminaires catholiques, un protestant et point pour les autres cultes. En tous lieux, à la

ville, au hameau la population prêtre se fait remarquer. Le chiffre des prêtres catholiques du département de la Drôme, est 350 placés dans les communes et payés par l'état; ajoutant les retraités, ceux à la charge des communes et des établissemens publics, en tout pas moins de . . . . . . . . . . . . 600
Protestans . . . . . . . . . . . . . 25
Population catholique . . . . . . . . 240,000
Population protestante . . . . . . . . 40,000

Le religionnaire catholique est-il plus hostile à la vertu?

Les prisons sont-elles fermées au religionnaire protestant?

Pourquoi plus d'un grand séminaire catholique par archevêché?

2° Les établissemens publics amassent et groupent la propriété, mènent le prêtre à la fortune, à l'indépendance, au pouvoir; cependant la loi n'est prévoyante que lorsqu'il s'agit du médecin. Plus de dons arrachés au malheureux qui se meurt, n'empoisonnons point ses derniers momens, et qu'il attende le sommeil éternel, sans point s'effrayer des pharmacies qui ne doivent s'ouvrir que pour diminuer ses souffrances, que pour prolonger ses jours! Les hôpitaux seront dotés de l'état; et ces maisons de Dieu, utiles aux militaires, que l'ordre et l'économie imaginèrent pour les secours distribués à l'indigence, seront aussi les maisons du prince.

Toutes les affections doivent appartenir au prince: c'est le seul monopole digne de lui. Le morcellement de la propriété plaît à l'agriculture, active le commerce et grossit le trésor public.

3° Les couvens, en opposition à la croissance et à la prospérité des empires, les concordats les rendirent à la France; et si la conscription militaire fut un antidote, les lois des majorats, aînesse, sacrilége et contre le divorce, vinrent les alimenter. La liberté, l'industrie réclament les victimes que la vanité, la cupidité, des combinaisons peut-être bien plus criminelles que persuasives, condamnèrent à une longue agonie.

La France, sous un climat non moins fécond, non moins heureux que celui des Indes, au lieu de détruire peut augmenter sa population du double, avant d'aller au loin chercher des terres plus commodes, des terres plus propices aux moissons.

Quelques-unes de ces victimes, d'un amour paternel monstrueux, peuvent refuser d'emporter leur première mise de fonds à la société et persister dans le célibat; que de celles-là il en soit fait des dépôts pour le service des hôpitaux au fur et à mesure des besoins : les maux sont lents à réparer.

4° S'il est enfin vrai que les fanatismes, nés de la corruption et de la faiblesse des gouvernemens, marchent en désordre vers le pouvoir, il est urgent au moins de les tempérer; l'un par un simple revirement des fonctionnaires, l'autre par la suppression des établissemens qui font le Prêtre fort. Un maire ne coûte rien à l'état, le prêtre spécule sur les sueurs des malheureux; un maire dans les campagnes est un homme laborieux, estimé de tous, le prêtre est souvent un modèle d'oisiveté.

(6) Au bon vieux temps, avant 92, lorsque la vie était trop courte pour se préparer aux délices du royaume des cieux, lorsque l'absolution était la sœur aînée de la religion, lorsqu'au moyen d'un peu d'or le crime devenait vertu, le prêtre était sans peine le régulateur des choses des deux mondes; mais depuis que le génie inspirateur souffla les idées généreuses, que la morale fut la reine de l'univers, que la religion se traînait à la suite de la morale, et que le crime flétrissait, le prêtre dut faire effort pour rentrer en son pouvoir magique. Après la tempête, né de ses cendres, le prêtre se recrute; sa bannière porte ces mots sacrés : Liberté, Égalité; sorti de la classe la plus obscure, il rampe devant le grand, s'empare du camp et rentre au pouvoir avec les débris caducs de 92.

Cependant les destins conservent au loin un prince, le fils d'un demi-dieu, le jeune Napoléon. Ce prince pouvait rallier en faisceau les vieux restes de la liberté, et détruire en un jour les travaux de 40 années; ce prince, comme une comète, devait apparaître au monde le 10 mai 1832 : les administrations comptaient encore des rouages suspects, il fallait en finir avec les ménagemens, le 25 juillet sonna toutes les épurations. La France étonnée de tant d'audace prend une attitude calme et fière, Dieu parle, les ennemis des libertés de la France rentrent au néant, et le prêtre va cacher sa honte dans les ténèbres.

Mais le prêtre eut un but constant, le pouvoir, vers lequel il ne cessera de marcher tant que ses réglemens, tant que ses statuts seront les mêmes. — Dieu fit l'homme, le ministre de Dieu doit conduire l'homme.

Que la raison soit compagne de la religion; que le prêtre épouvanté de la scène de 92 fasse taire l'ambition, qu'il soit bon citoyen : la mission du prêtre, la seule qui soit agréable à Dieu, est d'adoucir, d'amoindrir, de rendre faciles les rigueurs, les peines, les devoirs de la société, enfin de fondre toutes les classes. Mais que le prêtre n'ait point à balbutier entre ses devoirs et ses intérêts, que ses conseils soient gratis, qu'il reçoive du trésor public un traitement suffisant : l'argent est un talisman qui séduit, et le crime n'est que trop facile.

La religion est toute préventive, ses consolations s'adressent aux masses, jamais à l'individu; car alors elle serait répressive et souvent en opposition avec les lois de l'état.

Le prêtre façonne aux lois,
L'administrateur les promulgue,
Le magistrat les impose,
Le savant les compose, enseigne les arts et les métiers.

A chacun sa besogne, et tout sera bien.

(7) Que Dieu soit un mot, que l'ame ne soit que vanité, tous les sages ont pensé que c'étaient deux grands moyens pour gouverner les hommes. Cependant si l'hérédité des trônes est dans les mœurs des peuples, si les affections des peuples sont déjà dévolues, il serait imprudent de risquer un grand nom avec ces moyens seulement.

La France où les opinions sont le plus divergentes forme son armée des enfans de la patrie, amis de la liberté, républicains, vieux grognards, bouquet dont Napoléon fut la plus belle fleur; des adulateurs des Bourbons, suppôts des jésuites, amis de la servitude et des priviléges; des doctrinaires gens sans cœur et sans courage s'ils n'ont un but proposé, arrêté. Cette armée, sans unité d'action, hésitera et le chef de l'état n'osant combattre, sera tour-à-tour le tributaire de tous ses voisins.

Louis XVIII et Charles X qui après de longs tâtonnemens voulurent essayer de faire les rois, avec une administration moins cupide et plus habile, pouvaient surmonter bien des obstacles. Mais le ciel voulut qu'il en fût autrement; et ces princes que Madrid, Navarin et Alger saluèrent vainqueurs, chaque matin, chaque retour de l'étoile du berger, doutaient s'ils étaient rois. L'Autriche fut le cauchemar, le loup-garou de ces princes, tant est puissant le sentiment de la justice.

(8) En 92, lorsque les Bourbons régnaient sous la tutelle du prêtre et que la nation voulut donner à l'état une direction plus digne, ces rois esclaves s'y refusent, fuient le sol de la France, et livrent la patrie à l'étranger qui vient y porter le fer et la flamme. Un jugement sanctionné de toute la terre exclut à jamais les Bourbons de la couronne; et le trône est rougi de leur sang.

Après une longue tourmente, la nation appelle Napoléon sur le trône; toutes les puissances applaudissent à ce choix, envient l'amitié, l'alliance de ce grand capitaine. Cependant 1814 voit la France inondée des soldats de ces mêmes puissances coalisées contre l'ambition de Napoléon. Et la Russie, celle qui semble commander aux autres, réunit, rassemble dans Paris les partisans épars de la féodalité; menace de démembrer la France; et obtient de quelques sénateurs effrayés adhésion à la déchéance de Napoléon et au rappel des Bourbons, déjà proclamés par la présence de Moreau dans les rangs de son armée.

Cependant ces actes étaient sans force lorsque Napoléon, du palais de Fontainebleau, le 11 avril 1814, donne l'abdication que voici :

« Les puissances alliées ayant proclamé que l'empe-» reur Napoléon était le seul obstacle au rétablisse-» ment de la paix de l'Europe, l'empereur Napoléon, » fidèle à son serment, déclare qu'il renonce, pour lui » et ses héritiers, au trône de France et d'Italie, et » qu'il n'est aucun sacrifice personnel, même celui de » la vie, qu'il ne soit prêt à faire pour l'intérêt de la » France. »

Mais tant de générosité, tant de grandeur d'ame ne peuvent en rien changer les lois de la France, et lui enlever à la fois toutes ses espérances : le fils de Napoléon n'était plus que le fils de la France.

Les Bourbons furent des rois imposés, illégitimes et usurpateurs : les mémorables événemens de 1815 en font foi ; les conspirations de Grenoble, Poitiers, Colmar, Lyon, La Rochelle, Paris, etc. en sont la preuve ; au 25 juillet 1830 Napoléon II était encore roi des Français ; les immortelles déposées au pied de la colonne de la place des Victoires, le vote des députés pour la translation des cendres de Napoléon Ier dont l'ombre remplit le monde, les émeutes de la capitale, cette naïveté *Si le gouvernement dure*, sont des vœux ardens pour le retour de Napoléon II.

Eh quel autre que ce prince, s'il veut suivre les travaux de son père, pourrait calmer les mânes de tant d'illustres martyrs et admirateurs de la liberté, morts pour régénérer les nations, et pour jeter une lumière éclatante sur le trône de leurs rois ! La réconciliation est digne des grandes haines, des grandes ames.

Que le prince, que l'étoile de 1830 à qui l'Europe doit une immense reconnaissance, soit inaccessible aux pygmées qui encensent tous les pouvoirs nouveaux ; qu'il parle ; c'est à lui de fermer l'abîme des révolutions, d'annoncer la paix et le repos du monde.

---

LYON. IMPRIMERIE DE D.-L. AYNÉ, RUE DE L'ARCHEVÊCHÉ.

www.ingramcontent.com/pod-product-compliance
Ingram Content Group UK Ltd.
Pitfield, Milton Keynes, MK11 3LW, UK
UKHW032040260826
14628UKWH00007B/3093

9 782011 755193